Schwaben
trinken Württemberger

Wolfgang Brenneisen

hat Bücher geschrieben und Ausstellungen gemacht.
Weitere Informationen unter:
https://de.wikipedia.org/wiki/Wolfgang_Brenneisen

Wolfgang Brenneisen

Schwaben
trinken Württemberger

Ein kleines Weinlexikon

© 2023 Wolfgang Brenneisen
Herstellung und Verlag:
BoD – Books on Demand, Norderstedt
ISBN 9783757891374

Inhalt

Inhalt

Vorwort

Vor fast 30 Jahren hatte ich „Das kleine schwäbische Weinbüchle" im Silberburg-Verlag veröffentlicht. Der legendäre Verlagsgründer Titus Häussermann hatte sein Plazet gegeben - das war sozusagen ein schwäbischer Ritterschlag. Das Büchle erfreute sich einiger Beliebtheit und hat mir zu diversen Viertele verholfen. Aber Herrschaftssechse, das ist schon einige Zeit her! Dem Württemberger Wein haben die Zeitläufte nichts anhaben können, im Gegenteil, gegen das Licht gehalten glänzt er in alter Pracht und mit neuem Glanz. So ist mir der Gedanke gekommen, das Büchle erneut zu kredenzen. Ein bloßer Reprint wäre mir zu einfältig gewesen, die Besitzer des Büchles (die jetzt, Herrschaftssechse, auch schon in die Jahre gekommen sind) würden keinen Anlass sehen, das neue Büchle zu erwerben. Also habe ich aus dem Vorhandenen etwas gemacht, das fast schon die Anmutung eines richtigen Buches hat. Immerhin ist das Format jetzt mehr als dreimal so groß. Neue Kapitele (ein oder zwei l? Der Duden schweigt sich aus) sind dazugekommen, wenn auch nur zwei an der Zahl. Und vor allem: Die Bebilderung ist jetzt modern, ganz im Stil des 21. Jahrhunderts. So hoffe ich, dass das neue Büchle so gut mundet wie das alte! Kommet Se, greifet Se zu!

's erschte Schlückle

Was ist wichtiger: das Viertele oder das Weinbüchle? Keine Frage – das Viertele. Denn in dem Büchle mag noch so treffend über das Verkoschta und Schlotza, über das Bitzla und Dudla geschrieben sein – bei der Lektüre bekommt der Weinzahn einen immer größeren Durst, und er fühlt sich wie der unglückselige Tantalus, der an die saftigen Früchte über ihm und an das frische Wasser zu seinen Füßen einfach nicht heranreicht.

Andererseits gehören zum rechten Viertelesgenuss auch allerlei schöne Begleiterscheinungen. Ein Gläsle Riesling mundet in einer gemütlichen Weinstube wesentlich besser als, sagen wir, am Bahnhofskiosk. Ein Trollinger entfaltet sich erst so recht, wenn man um sich herum schwäbische Laute hört. Und der Genuss des Neuen Weins steigert sich enorm, wenn dazu ein warmer Zwiebelkuchen gereicht wird.

Das heißt: Der Wein ist nicht nur eine alkoholische Flüssigkeit, sondern bildet mit vielen anderen Dingen eine ganze Welt, in der das eine sinnvoll und subtil mit dem anderen verbunden ist. Und in diesem Kosmos hat auch ein Weinbüchle seinen Platz.

Wer seinen Württemberger Wein mag, möchte mehr

über den guten Freund und treuen Lebensbegleiter erfahren. Natürlich darf das keine trockene, pedantische Belehrung sein. Ein Schlückle hier, ein Schlückle da – ein genießerisches Schlotzen mag auch beim Lesen des Weinbüchles das angemessene Verfahren sein, das ja dem Weinfreund innig vertraut ist.

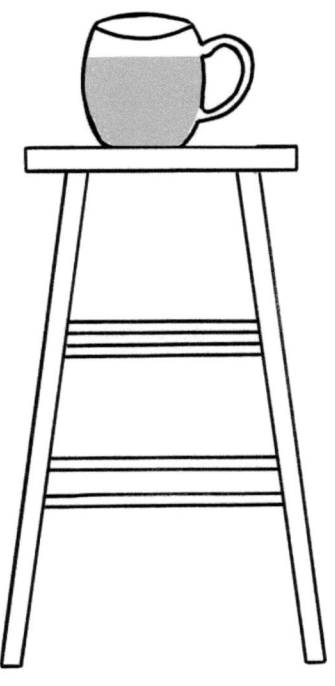

Aus der guten alten Zeit

Alterstrost

Wer seinen Wein ein Leben lang genossen hat, möchte auch im Alter nicht darauf verzichten. – Eine alte Frau ist allein in der Kirche. Sie richtet ihr Gebet an das Jesuskind, das vor ihr auf dem Arm der Jungfrau Maria ruht. Und wie sie es gewohnt ist, spricht sie ihre Wünsche laut aus: Der Fuß möge nicht so arg wehtun, der Winter solle nicht so streng werden wie im letzten Jahr, und schließlich erbittet sie sich „a Gläsle Wei am Tag". Mittlerweile ist der Mesner in die Kirche getreten, ohne dass es die Frau bemerkt hat, und als er das mit dem Wein hört, sagt er missbilligend: „A Gläsle Apfelsaft tät's au!" Da die Frau glaubt, das Jesuskindlein habe gesprochen, keift sie in Richtung des Gnadenbildes los: „Du Rotzbua! Wa woischt denn du, was ʼm alta Weib guattut!"

Besenwirtschaft

In fröhlicher Gesellschaft, in der man ganz ungezwungen die Gosch' aufmachen kann, schmeckt das Viertele am besten. Die allererste Adresse ist da die Besenwirtschaft. Einige Wochen im Jahr signalisiert ein Besen (Reisigbüschel) am Haus, dass man im Inneren bei Landwein aus eigenem Anbau, begleitet von Kesselfleisch mit Kraut, Luckeleskäsbrot oder anderen einfachen Köstlichkeiten („ebbes Reachts") ganz Mensch, ganz Schwob, ganz Viertelesschlotzer sein kann. Die Enge des Raumes gewährleistet, dass man – Fiedle an Fiedle – viel menschliche Wärme abbekommt, während im mehr und mehr geröteten Kopf die schönsten Ideen und Einsichten aufsteigen. Etz nomôl a Viertele!

Dr Besa isch offa.

I ond mei Bodag'fährtle

Bodag'fährtle

Fängt der Schwabe an zu schwätzen und quillt nicht gerade Honoratiorenschwäbisch aus seinem Mund, hört man gleich, wo er herkommt: ob aus Diebenga oder Reitlenga, ob aus Bäsga (Besigheim) oder Lauffa. Genauso verhält es sich mit einem rechten schwäbischen Wein: Beim genießerischen Schlotzen teilt sich der geübten Zunge und den jahrzehntelang trainierten Geschmacksnerven mit, auf welchem Boden er gewachsen ist. Ein eigentümlicher, unverwechselbarer Geschmack begleitet den Wein, eben das Bodag'fährtle. Sie sind so unzertrennlich wie der Viertelesschlotzer und sein Henkelglas.

Muaß halt älles schtemma!

Chambrieren

Rotwein mundet am besten bei einer „Zimmertemperatur"
von 16 bis 20 Grad. Deshalb bringt man die Flasche
schon eine Stunde vor dem Genuss vom Keller ins
Zimmer (chambre) und öffnet sie. Dann kann der Wein
nämlich „atmen" und sein Aroma voll entfalten. Diese
Stunde Wartezeit gilt es irgendwie zu überbrücken, denn
bei dem Gedanken an den guten Tropfen, der dem
Genuss entgegenreift, wird der Weinzahn immer
„glüschtiger". Das Chambrieren ist also auch
hervorragend zur Stärkung der Willenskraft geeignet.

Dudla

Klingt so gemütlich, wie es ist. Das Wort bezeichnet ein langsames, ausdauerndes Trinken. Die Mengen können beträchtlich sein, eine Flasche ist das Mindestmaß. Ein Viertele kann man einfach nicht ausdudla, denn kaum hat man angefangen, ist man ja schon wieder fertig. Aus all dem geht hervor, dass das Dudla nicht die höchste Stufe des kultivierten Weintrinkens ist. Ein überzeugter Dudler hat zwar nicht zwangsläufig eine rote Nase und wässrige Augen, wenn er aber so weitermacht, wird sich mit den Jahren unweigerlich eine solche Physiognomie herausbilden.

Gôgenwitz (jugendfrei)

Durscht

Durscht und Wein sind so innig miteinander verbunden wie siamesische Zwillinge, das eine lässt sich nicht vom anderen trennen. – Der Neue Wein ist da. Ein Gôg, also ein Tübinger Weingärtner alten Stils, möchte diese herrliche Zeit voll auskosten, und da sich der Charakter des Wundertranks von Tag zu Tag ändert, muss man sich sputen, wenn man aller feinen Nuancen teilhaftig werden will. So sagt der Gôg zu seiner Frau, als er sich zum Schlafen hinlegt: „Weckscht mi, wenn i Durscht han." – „Narr!", widersetzt die Frau. „Wie ka i wissa, wenn du Durscht hoscht?!" – „Ha, wenn du mi weckscht!"

Eiswein

Eine Kuriosität: ein Wein, für den erfrorene Trauben gekeltert werden. Bei Frost gehen die weniger reifen Trauben vollständig zugrunde, die süßen, überreifen dagegen nur zum Teil. Dementsprechend ist der Eiswein süß und likörähnlich und eignet sich als Aperitif. Er wird in Dreiachtelfläschchen abgefüllt und kostet 40 Euro und mehr (falls diese Exklusivität überhaupt auf der Preisliste erscheint). Für die Weingüter ist der Eiswein eine sportliche Angelegenheit: Macht der Frost mit – oder ist am Ende alles „hee"? Der sportliche Ehrgeiz richtet sich auch auf die Oechsle-Zahl. Im Jahre 1983 brachte es eine Fleiner Traminer-Trockenbeerenauslese auf 324 Oechsle! Da kriegt man schon beim bloßen Lesen ein Räuschle, oder net?

Feste

In Württemberg gibt es 187 Weinfeste, vom großdimensionierten „Stuttgarter Weindorf" mit einer Dauer von elf Tagen bis zur eintägigen „Wandernden Wein- und Sektprobe" in Aspach-Allmersbach. Das ist ein eindrucksvoller Beweis für die Lebenslust der Schwaben, die hinter der Biergartenseligkeit der Bayern nicht zurücksteht. Für den zur Gründlichkeit neigenden Weinfreund (und eigentlich möchte jeder irgendwann einmal alles verkosten) ist klar, dass der angemessene Besuch sämtlicher Weinfeste Jahre, wenn nicht ein ganzes Schlotzerleben dauert: eine herrliche Perspektive!

Mir Genossa miaßet zammahalta, gell?

Genossenschaften

Vor gar nicht langer Zeit, bis ins 20. Jahrhundert hinein, hatten es die Wengerter schwer: Sie mussten „jesasmäßig schaffen" und sich dazu noch zähneknirschend dem Preisdiktat der „Weinherren" beugen, also Gastwirten, die den Traubenmost kauften und oft selber ausbauten. Mit der Bildung von Genossenschaften wurde es für die Erzeuger wesentlich besser. Heute gibt es in Württemberg knapp hundert Genossenschaften mit rund 18 000 Mitgliedern, die 85 Prozent einer Weinernte liefern. Dass das Pendel nicht in die andere Richtung ausschlägt, dass sich also der Kunde unserer Zeit nicht dem Preisdiktat der Wengerter beugen muss, dafür sorgen eine gesunde Konkurrenz und ein schwäbischer Sinn fürs Maßhalten: Ein Viertele muss für jeden erschwinglich bleiben!

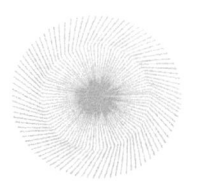

Gôgen

Ein geheimnisvolles, etwas krachledernes Völklein in der Art von Kobolden, Poltergeistern oder Wichtelmännern. Ihr Wesen und Wirken spiegeln sich in den so genannten Gôgenwitzen wider. Wie die Zwerge mit der Metallgewinnung, so werden die Gôgen mit dem Weinbau in Verbindung gebracht. Manche Forscher wollen in den Gôgen die Tübinger Wengerter vergangener Jahrhunderte sehen. Dr. Vinzenz Fäßle, die allererste und –letzte Kapazität bei kniffligen Weinfragen, meint dagegen: „Der Gôg ist der symbolische Ausdruck dafür, dass unter der blassen nördlichen Sonne Württembergs der Weinanbau nur mit harter Arbeit, Schlitzohrigkeit und saumäßigem Fluchen möglich ist."

Freilein, etz nomôl a Viertele!

Henkelglas

Während man anderswo mit spitzen Porzellanfingern das Weinglas an einem dünnen Stiel in der Balance hält, geht es im weintrinkenden Schwabenland sehr viel solider zu: Der ehrliche Württemberger kommt in ein gedrungenes, bauchiges Henkelglas. Dieses Gefäß steht sicher auf dem Tisch, und die Gefahr ist gering, dass es durch eine unachtsame Bewegung umgestoßen wird und dass etliche Tropfen wertvollen Schwarzrieslings (Ruländers, Trollingers und so weiter) ungetrunken bleiben. Diese Gewissheit gibt auch dem Trinkenden ein schönes Selbstbewusstsein: Er sitzt genauso sicher auf seinem Fiedle wie sein treues Henkelglas – bis ihn der Wirt hinauswirft: Etz ganget no hoim, ihr Bachel!

Hocketse

Ein Viertele trinken und dabei hocken, das gehört einfach
zusammen. Man kann in der Weinstube hocken, in der
Beiz, in der Besenwirtschaft oder auch auf der Straße,
und zwar, wenn in einem Stadtteil „g'feschtet" wird.
Welcher Ort diese bahnbrechende Erfindung gemacht
hat, ist nicht mit letzter Sicherheit auszumachen.
Angeblich ist man in Stuttgart-Heslach im Jahre 1973 auf
den glorreichen Gedanken gekommen. Wie auch immer,
einmal erfunden, haben sich die Hocketsen wie ein
Lauffeuer im ganzen Ländle ausgebreitet. Ungeklärt ist,
wo das „s" in der Hocketse herkommt. Nach einer sehr
einleuchtenden (und wahrscheinlich falschen) These ist
das Wort von dem Satz abgeleitet: „Dô hocket se."

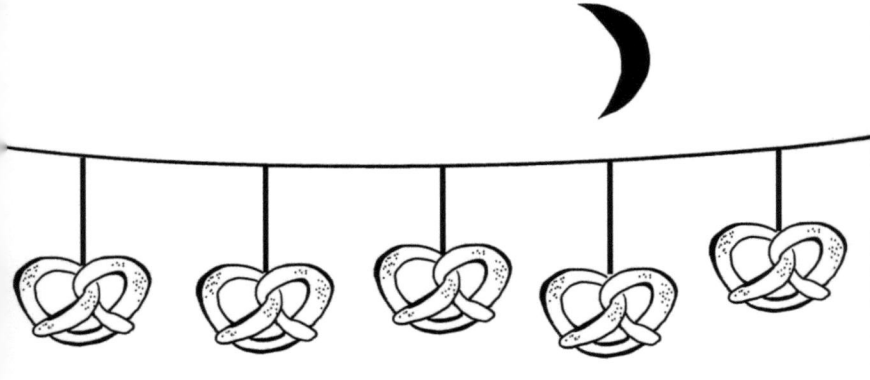

Eifach schee!

Inspiration

Im Abendland sind Kultur und Weinkultur eng miteinander verknüpft. Das gilt auch für Württemberg und Schwaben. So hat der Neue Wein Justinus Kerner zu den Versen beflügelt:

„Laßt uns heut' mit Geistern ringen;
Blickt der Alte noch so klar,
Bringet jetzt den Neuen dar,
Der dem Kerker will entspringen!"

Zwar lässt sich die These aufstellen, dass der neue Hagebuttentee genauso ein Quelle der Inspiration und Begeisterung sein könnte. Aber diese Annahme wird von der schwäbischen Geistesgeschichte nicht bestätigt. So würdigt Thaddäus Troll im Nachwort zu seinem Klassiker „Deutschland – deine Schwaben" expressis verbis zwei Württemberger Rotweine, die zum Gelingen des Buches wesentlich beigetragen hätten.

Der Württemberger Wein ist meine Leidenschaft und Lebensaufgabe.

85

Dr. Vinzenz Fäßle

Die Autorität in Weinfragen

Jungfernwein

Könnte der Wein sein, der vor der Hochzeit getrunken
wird. Oder der Wein, der älteren, unverheirateten Damen
den Lebensabend verschönt. Tatsächlich aber ist der
Wein gemeint, der aus der ersten Lese neu gepflanzter
Reben gekeltert wird, die dann meist drei Jahre alt sind.
So etwas passiert naturgemäß nicht oft, ja erst nach 25
Jahren und mehr werden an einem bestimmten
Weinhang wieder die Bedingungen für einen
Jungfernwein gegeben sein.

Jungfernwein

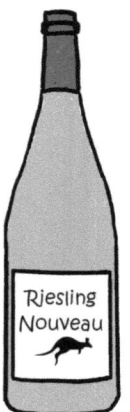

Jungwinzer

Mit der jungen Generation kommt auch ein neuer, frischer Wind in den Weinanbau und –ausbau. Gôgenromantik und anspruchslose Henkelglasseligkeit ist jetzt nicht mehr genug, die Jungwinzer wollen nicht nur nach alter Väter Sitte im Weinberg „schaffa", sie möchten neue Wege beschreiten, experimentieren, ausprobieren – und dennoch auf der nationalen, ja sogar internationalen Szene achtungsvoll bestehen. Sie haben studiert (Önologie in Heilbronn), praktische Kenntnisse auf Weingütern erworben (zum Teil sogar im Ausland) und sind voller Tatendrang. Die Ergebnisse können sich sehen, riechen und schmecken lassen. Wenn vom Niedergang des Wirtschaftslandes Deutschland schwadroniert wird – um die Zukunft des Württemberger Weins braucht uns nicht bange zu sein.

Roter Bruder grüßt Bleichgesicht!
Feuerwasser gut! Howgh!

Kerner

Normalerweise gehören Rotweintrinker und Weißweinliebhaber zu verschiedenen Lagern, so wie die Rothäute und Bleichgesichter des Wilden Westens. Einen Wein könnte man allerdings friedlich aus einem gotzigen Glas trinken: den Kerner. Das ist zwar ein fruchtiger, würziger Weißwein – entstanden ist er aber aus einer Kreuzung von Trollinger und Riesling. Wenn ein verstockter Trollinger-Fan behauptet: I schmeck nix!, stellt man einfach mit dunklen Andeutungen die Feinheit seiner Zunge in Frage. Dann nimmt er noch ein Schlückle, bitzelt, schlotzt und sagt schließlich: Hajo, a Trollinger-Schwänzle!

Etztale, was könnet Sie
nach fünf Viertele
no erkenna?

Lehrpfade

Auch dieses Büchle ist ein Weinlehrpfad. Wer es gewissenhaft durchgelesen hat, wird sein Viertele mit mehr Verstand, ja geradezu mit Ehrfurcht trinken. Aber darüber hinaus gibt es in Württemberg 22 reale Weinlehrpfade, von Bad Mergentheim-Markelsheim im Norden bis Stuttgart-Hedelfingen im Süden. Man geht durch den Weinberg, studiert Schautafeln und hat oft Gelegenheit, einen Wengerter mit Städterfragen zu belästigen, denn im Weinberg muss eigentlich die meiste Zeit im Jahr g'schafft werden. Nach drei Kilometern Wanderung kehrt man gerne ein – zum Beispiel in der Kellerei mit angeschlossener Probierstube.

Aus der guten alten Zeit

Letzter Wunsch

Zwei Seelen kämpfen in der Brust des Schwaben: Sparsamkeit und Lebenslust. Beim Zwerger Heinz hat lange die Sparsamkeit die Oberhand behalten. Jeden Pfennig hat er beiseite gelegt und ein Häusle gebaut und eine Doppelgarage und noch einmal ein Häusle – und plötzlich liegt er auf dem Sterbebett. Da bäumt sich in ihm die Lebenslust ein letztes Mal auf, und er sagt zu seiner Frau: „Du, Frau, mir hend doch no a Fläschle Wei im Keller von onserer Goldana Hochzeit. Etz tät i gern no a Schlückle trenka…" – „Heinz", sagt die Frau mit fester Stimme, sich die Tränen abtrocknend, „i tät saga, etz b'hilfscht de no vollends nom…"

Light

Deutschen Fürsten war es auf Reichstagen vergangener Jahrhunderte Bedürfnis und Verpflichtung, schweren Wein in großen Mengen zu bechern und sturzbesoffen unter den Tisch zu sinken. Viertelesschlotzer von heute halten es da anders. Der Trend geht zu leichten Weinen, und so bauen die Kellermeister in ihren Tanks Leicht-Weine mit 8,5 bis 9 Prozent Alkohol aus. Müller-Thurgau, Riesling und Silvaner sind dafür besonders geeignet. Bei der Gartenparty, zum kleinen Imbiss und in der gemütlichen Runde bei Sonnenuntergang „lauft des Weile guat na". Da der Wein so light ist wie der begleitende Käse, kann man getrost auch ein Viertele mehr trinken.

Möglingen

Der bedeutendste Weinort Württembergs – obwohl es dort überhaupt keine Weinberge gibt. Des Rätsels Lösung: In Möglingen hat die WZG, die „Württembergische Weingärtner-Zentralgenossenschaft", ihre Edelstahltanks, in denen der Wein von 60 Genossenschaften ausgebaut wird. 100 Millionen Liter können von der WZG gelagert werden, etwas mehr als zehn Prozent davon sogar in einem stillgelegten 287 Meter langen Bahntunnel in Maulbronn. Im Schwabenland werden eben alle Kapazitäten genutzt, wenn es darum geht, die kontinuierliche Versorgung mit Viertele sicherzustellen.

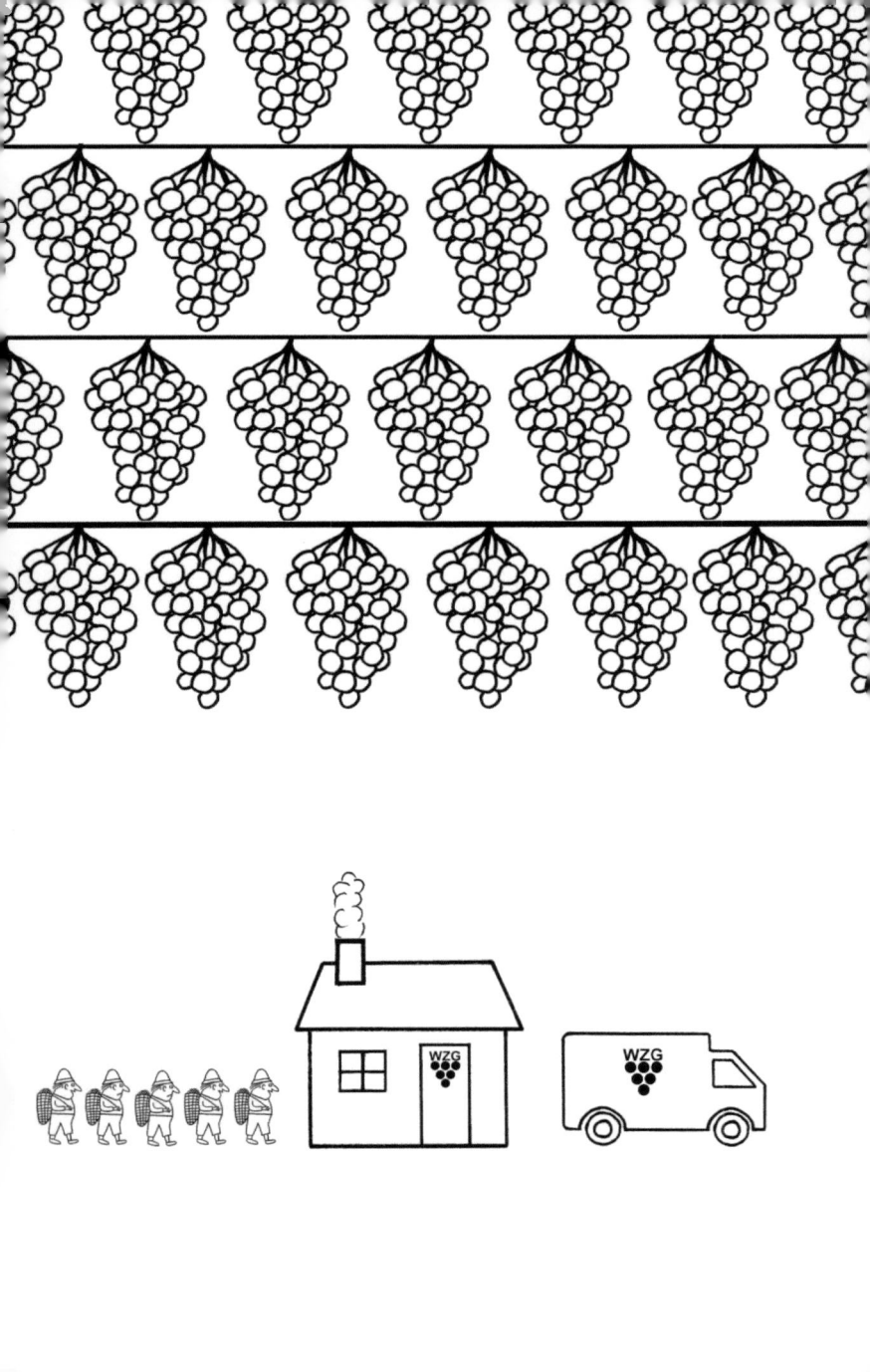

Most

Damit kann das „Nationalgetränk" der Schwaben gemeint
sein, das aus Äpfeln und Birnen gekeltert wird und, kühl
im Krügle serviert, das Vesper vortrefflich abrundet. Hier
jedoch meinen wir das Basismaterial des Weins, den
gepressten Saft der Trauben. Aus einem Kilogramm
Trauben gewinnt man 0,65 bis 0,75 Liter Most. Viele
können schon dieser Vorstufe des eigentlichen Weins
nicht widerstehen: Der „Neue Wein" stellt für sie den
Höhepunkt des Herbstes dar.

Emmer amôl ebbes Nuis!

Neuer Wein

Jedes Alter hat seine Vorzüge, das gilt auch für den Wein. Zwar wird man im Allgemeinen dem durchgereiften Wein den Vorzug geben, aber so ein junger Springinsfeld hat auch seinen Reiz. Zu Beginn der Gärung enthält der „Bitzler" noch wenig Alkohol und schmeckt süß. Dank seiner Kohlensäure „bitzlet" er frisch auf der Zunge. Später wird der Traubenmost milchig-trüb und hat als „Federweißer" etwas mehr Alkohol. Der Wein in statu nascendi ändert sich mit jedem Tag. Für den, der in dieser wunderbaren Herbsteszeit nichts verpassen will, gibt es nur eins: Er muss jeden Abend in die Besenwirtschaft, wo man unter Gleichgesinnten genussreich fachsimpeln kann - vor allem über den Neuen Wein.

Christian Ferdinand Oechsle

Der geniale Erfinder

Oechsle, das

Wer vom Wein redet, kommt am „Oechsle" nicht vorbei.
Da mit diesem urschwäbischen Wort ein internationales
Phänomen bezeichnet wird, schlägt das Herz des
weintrinkenden Schwaben höher. Drückt das Wort nicht
unübertrefflich ein behagliches, friedvoll-animalisches
Bitzla, Supfa, Schlotza und Dudla aus? Die Anzahl der
Oechsle gibt die Qualität des Mostes in Bezug auf den
Zuckergehalt an.

Oechsle, der

Christian Ferdinand Oechsle (1774 – 1852) hat die Most-
und Weinwaage erfunden, mit der die Oechsle-Grade
bestimmt werden. Die schöne schwäbische Saga, die
sich um den urschwäbischen Namen rankt, hat nur einen
kleinen Fehler: Oechsle war ein Pforzheimer – also ein
Badener!

Plopp!

Das schönste Geräusch, das der Weinzahn kennt. Es entsteht, wenn der Korken von kundiger Hand aus der Flasche gezogen wird. Neuerdings gibt es allerdings auch – horribile dictu – einen Drehverschluss. Trotz der damit verbundenen Vorteile – kein Korkgeschmack, kein Korkmehl, kein Schimmel – möchte der Weinliebhaber auf das eröffnende Ritual mit dem verheißungsvollen Plopp! nicht verzichten. Überdies ruft das gewandte Entkorken einer Weinflasche die nie versiegende Bewunderung der Damen hervor, die sich traditionsgemäß dieser schwierigen Prozedur nicht gewachsen fühlen.

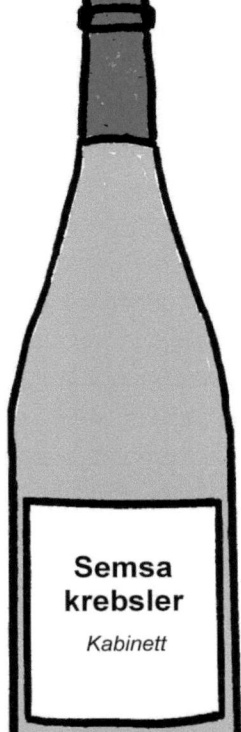

Toll,
wie
Sie
des
ma-
chet!

Plopp!

**Semsa
krebsler**

Kabinett

Probierstube

Man kann den Wein im Supermarkt kaufen, wo (nicht nur in Württemberg) die Württemberger im Allgemeinen gut vertreten sind. Viel stimmungsvoller ist das Ambiente natürlich in der Probierstube von Weingütern und Genossenschaften. Auch ein ziemlicher Ignorant und Bachel in Weinfragen kann sich hier wie ein rechter Kenner aufführen: das Probiergläschen gegen das Licht halten, den Wein schwenken, daran riechen, ihn schlürfen, „kauen" und schließlich mit ernstem Gesicht schlucken. Überall sind freundliche, gutgelaunte Menschen, denen das Geld locker sitzt. Vielleicht gibt es noch einen Kanten gutes Bauernbrot vor dem nächsten Gläschen. Wenn man dann mit 48 Flaschen im Kofferraum heimfährt, kommt man sich vor wie eine gentechnisch geglückte Kreuzung von Dionysos und Krösus.

Quartalsäufer

Ein Menschentyp, der einfach nicht in die schwäbische Weinkulturlandschaft hineinpasst. Denn da müssten gleich zwei Monstrositäten zusammentreffen: Man müsste den guten Trollinger (Riesling und so weiter) „saufen" wie ein Pferd an der Tränke. Und noch schlimmer: Man müsste sich tage-, wochen-, monatelang des Weingenusses enthalten, um dann in einer viehischen Nacht hemmungslos dem Sauftrieb nachzugeben. Während in anderen Landstrichen der abrupte Wechsel von strenger Abstinenz und wahnsinniger Raserei das Leben prägen mag, pflegt der Schwabe seine stille, zärtliche, nie unterbrochene und nie versiegende Liebe zu einem regelmäßigen Gläsle Wei.

Riesling

Was dem einen sein Trollinger, ist dem anderen sein Riesling: „der König der Weißweine, der Weißwein der Könige". Trinkend fühlt man sich also gleichsam geadelt und allen Nichttrinkern haushoch, allen Rotweintrinkern eine Henkelglashöhe überlegen. Wer sonst nichts mit Geologie am Hut hat, möge immerhin in sein vinologisches Basiswissen aufnehmen: Der Riesling gedeiht hauptsächlich auf schweren Keuperböden. Keuper besteht aus Sandstein, Mergel, Gips und Ton. Dass aus diesem einfachen, derben Ursprung ein solch aristokratischer Wein hervorwächst, der als „würzig, rassig und elegant" bezeichnet wird, ist eine Alchimie, neben der die Umwandlung von Blei in Gold unbedeutend erscheint.

Friedrich Schiller

Schiller

Das wird den Friedrich Schiller oben im Parnass schon saumäßig gefreut haben, dass seine schwäbischen Landsleute, die ihm seinerzeit das Leben so schwer gemacht hatten, posthum sogar einen beliebten Wein nach ihm benannt haben. Ätsch, Goethe! Tatsächlich aber heißt der Wein, der aus roten und weißen Trauben gekeltert wird, deshalb so, weil er im Glas zwischen rot und gelblich „schillert". Der gebildete Schwabe jedoch ist dankbar für den Namensgleichklang, er hebt sein Gläschen und deklamiert: „Freude, schöner Götterfunken!"

Die schwäbische Vorstellung vom Paradies

Schlotzen

Kinder schlotzen ihr Eis, Erwachsene ihr Viertele. Im
Prinzip ist es dasselbe: der genussvolle Umgang mit der
Gottesgabe. Die „Entdeckung der Langsamkeit", die
neuerdings als der letzte Schrei gefeiert wird, ist den
weintrinkenden Schwaben schon vor Jahrhunderten
geglückt. Es leuchtet ein, dass man beim Schlotzen auch
die feinsten Geschmacksnuancen aus dem Wein
herausholt. Anderenorts machen das nur die
professionellen Weinkoster. So ist auch der
Umkehrschluss erlaubt: Jeder weintrinkende Schwabe ist
ein Profi.

Schwänzle

Nur ein Barbar wird den Wein einfach hinunterkippen.
Echter Weingenuss ist ein komplexer Vorgang: Augen,
Nase, Zunge, Gaumen sind beteiligt, aber auch Herz und
Seele, Erinnerung und Erwartung. Der Wein macht sich
auf den Weg wie ein fröhlicher Pilger. Rollend, fließend,
glucksend teilt er die schönsten, lieblichsten Botschaften
mit. Doch war alles vergebens, wenn der Genießende
beim finalen Hinunterschlucken (das sich leider nicht ewig
hinauszögern lässt) das „Schwänzle" des Weines
vermisst: den charaktervollen, abrundenden
Nachgeschmack, mit dem sich der Wein als „reachter
Kerle" verabschiedet.

Schwarzriesling

Wer denkt beim Schwarzriesling nicht gleich an Lauffen am Neckar und speziell an den „Katzenbeißer"? Dabei hat der Schwarzriesling gar nichts mit dem Riesling zu tun, sondern gehört zu der Familie der Burgunderreben, und kein Lauffener kann überzeugend erklären, was die Katze an dem guten Tropfen zu beißen hat. Wie auch immer: Lauffen gibt es tatsächlich, und es gibt den „Katzenbeißer Schwarzriesling", einen samtig-zarten, fruchtig-vollen und farbstarken Rotwein. Lauffen heißt wahrscheinlich so, weil die Viertelesschlotzer aus ganz Württemberg zu diesem Mekka der Rotweinverehrung laufen und wallfahrten.

Lauffener

Katzenbeißer

Für Mieze

Semsakrebsler

Jeder, der eine sonnige Hauswand hat, kann auch seinen eigenen Wein anbauen. Da die Weinrebe eine Kletterpflanze ist, muss man ihr nur ein wenig Halt geben, und schon krebselt sie hinauf bis zu den Fenstersimsen im ersten Stock. Der Rest ist dann einfach. In einem guten Jahr gibt es genügend Trauben, sodass man mit einem bisschen Know-how seinen Hauswein keltern und ausbauen kann (wenn auch in bescheidener Menge). Dann kommt allerdings die schwierigste Aufgabe: den „Semsakrebsler" zu trinken. Nach dem ersten heroischen Versuch wird die Weinrebe an der Hauswand unweigerlich zur Zierranke umfunktioniert.

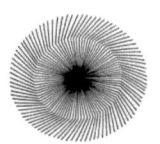

Stuttgarter Weindorf

Das Stuttgarter Weindorf ist die größte Hocketse in Württemberg. Würden alle Besucher Fiedla an Fiedla nebeneinander auf einer großen Bank sitzen, die von Wertheim im Norden bis Konstanz im Süden reicht, würde nur die Hälfte darauf Platz finden! Die andere Hälfte müsste sehen, wo sie bleibt – womöglich im Badischen! Aber da der Schwabe schlau ist, kommen nicht alle gleichzeitig, und so findet jeder ein Plätzchen zum Hocken und Genießen, auf dem Schillerplatz und drumherum. Es gibt 120 gemütliche Weinlauben, in denen Stuttgarter Wengerter und Gastronomen über 200 Weine ausschenken. Dazu werden typisch schwäbische Schmankerl angeboten. Die Stimmung ist immer prächtig.

Ihr Wei wär dô - zweihondert Fläschla.

Temperatur

Dass der Rotwein Zimmertemperatur haben sollte, während es der Weißwein kühler mag, ist ins allgemeine Bewusstsein eingedrungen. Trotzdem muss noch Aufklärungsarbeit geleistet werden: Bei einer sommerlichen Zimmertemperatur von 25 Grad schmeckt der Rotwein flau, und ein Weißwein aus dem Kühlschrank, der beinahe gefriert, ist ein Eiswein minderer Qualität. Rotweine entfalten sich am besten bei 16 bis 20 Grad, Weißweine bei 12 bis 15. Die Vorstellung „Raumtemperatur" soll sich, geht die Fama, ursprünglich auf Verhältnisse in mittelalterlichen Klöstern mit ihren dicken Mauern bezogen haben, und da war es auch im Sommer wesentlich kühler als in einer heutigen Neubauwohnung.

Skol!

Aus der guten alten Zeit

Trinkspruch

Wenn man sein Weinglas erhebt und jemandem zuprostet, sollten auch die Worte, die man an die Person richtet, angemessen sein. – Bei einem Leichenschmaus kam eine alte Frau neben dem Herrn Pfarrer zu sitzen. Jeder erhielt ein Gläsle Wein. Die alte Frau hatte nicht übel Appetit auf ein Schlückle, wollte aber – das geboten die guten Manieren – dem Herrn Pfarrer zuprosten. Was aber sagt man zu einem geistlichen Herren? Ein „Prosit" schien ihr zu profan und kumpelhaft zu sein. Nach einigem Nachdenken hob sie das Glas und sagte mit holdem Engelslächeln: „Halleluja, Herr Pfarrer!"

Trollinger

Heißt nicht so, weil dieser süffige Rotwein regelmäßig von Thaddäus Troll („Deutschland – deine Schwaben") verkonsumiert wurde. Vielmehr kam das Wort zusammen mit der Traube vermutlich im 16. Jahrhundert aus Tirol nach Württemberg. Als erster „Gastarbeiter" ist der Trollinger mittlerweile vollständig integriert – schwäbischer geht es nicht mehr. Jede vierte Flasche aus Württemberg enthält den hellen Rotwein. So gilt das Musterländle, in dem zum Schrecken aller Nicht-Schwaben jesasmäßig g'schafft wird, zugleich als sympathische, lebenslustige „Trollinger-Republik". Der Wein wird als „fruchtig, feinrassig und frisch" charakterisiert – und ist damit ein getreues Abbild seiner Vertilger, der Schwaben.

85

Thaddäus Troll

Schwabe und Schwabenversteher

Unterlagsreben

Ein Beweis dafür, dass die ganze Welt mithelfen muss, damit der Schwabe zu seinem Viertele kommt. Etwa um 1870 gelangte die Reblaus – die henterlischtige Denge! – über England nach Europa und vernichtete große Teile der Rebpflanzungen. Seitdem müssen alle europäischen Edelreben auf amerikanische Unterlagsreben gepropft werden, die gegen den Schädling resistent sind. Der menschliche Scharfsinn läuft immer dann zur Hochform auf, wenn liebe alte Gewohnheiten bedroht sind.

Viertele

Das Trinkmaß, mit dem der Schwabe auch größere Mengen Wein so unauffällig bewältigt, dass er weder vor der Welt noch vor sich selbst als Säufer dasteht. Vor dem Ersten Weltkrieg war noch der „Schoppen", wie man in Württemberg den halben Liter nannte, das Normalmaß in den Wirtschaften. Der Trend zur Miniaturisierung schien zunächst unaufhaltsam zu sein: 0,2 Liter – Achtele – Dezi. Es stand zu befürchten, dass man am Ende der Entwicklung den guten Württemberger nur noch in Fingerhüten serviert bekommen würde. Doch zum Glück ist das Viertele mit dem Henkelglas eine solch solide Ehe eingegangen, dass auch im nächsten Jahrtausend in Schwaben viertelesmäßig alles beim Alten bleiben wird.

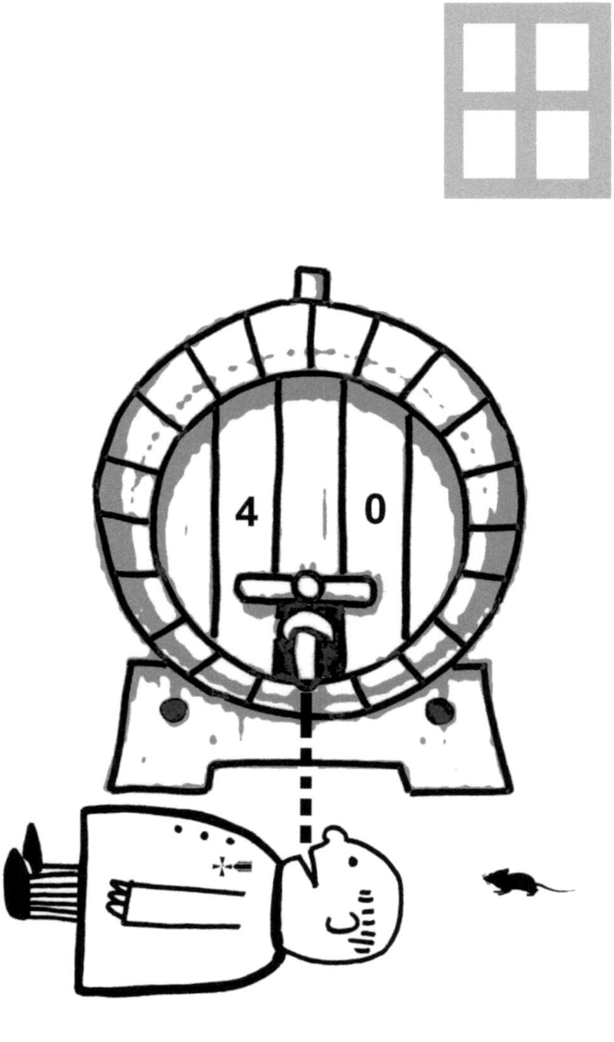

Vierzig

Im Schwabenland ist die Zahl vierzig von besonderer
Bedeutung. Mit vierzig wird der Schwabe gescheit, heißt
es. Und: Vierzig Liter Wein (natürlich in erster Linie den
eigenen) trinkt er im Durchschnitt pro Jahr, auch längst
vor der magischen Altersgrenze – und beweist damit,
dass er schon in jüngeren Jahren ziemlich gescheit ist.
Mit seinen vierzig Litern liegt der Schwabe zwar hinter
den Franzosen, Italienern und Portugiesen, im nationalen
Vergleich jedoch befindet er sich in der Spitzengruppe.
Mit den römischen Legionären ist eben mediterrane
Lebenslust über die Alpen geschwappt.

Weinstraße

Klingt nach Paradies. Wenn man dort – nach des Herrgotts unerforschlichem Ratschluss – schon gehen muss, dann unter den angenehmsten Bedingungen. Alle paar hundert Meter steht ein pausbäckiger Engel oder ein Weinheiliger (Sankt Veit, Sankt Urban oder Sankt Kilian) und reicht dem frommen Pilger ein wohlgefülltes Henkelglas. Ein Abbild dieses paradiesischen Pilgerwegs ist die irdische „Schwäbische Weinstraße", die seit 1991 offiziell existiert. Sie beginnt in Bad Mergentheim, bildet weiter südlich zwei Streifen und endet schließlich nach 220 Kilometern in Esslingen am Neckar. 230 württembergische Weinorte sind durch sie miteinander verbunden. Der Viertelesschlotzer, der gelegentlich seine Stammbeiz verlässt, um zu reisen, weiß immer, wo es langgeht.

Weinzahn

Eine Person, die gerne Wein trinkt, wie Sie zum Beispiel. Die Herkunft des Wortes ist rätselhaft. Zwar sind Zunge, Gaumen und Nase sehr wohl zum Weingenuss befähigt, aber der Zahn bekommt eigentlich nichts von den paradiesischen Genüssen mit. Eine einleuchtende Erklärung gibt der schwäbische Weinforscher Dr. Vinzenz Fäßle: „Wie ein Fels in der Brandung wird der Zahn von den Weinfluten umspült. Genauso sicher, unerschütterlich und ruhig sitzt der Weinzahn auf seinem Stuhl und lässt ein Viertele nach dem anderen die Kehle hinabströmen."

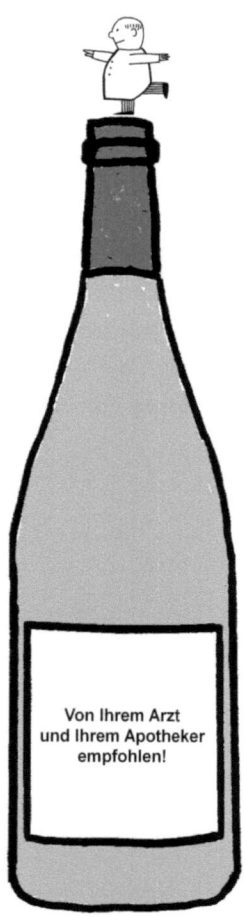

Von Ihrem Arzt
und Ihrem Apotheker
empfohlen!

Xondheit

Kulturbanausen, Betschwestern und Furzklemmer lassen nichts unversucht, um den Viertelesschlotzern den Weingenuss madig zu machen: Der Wein schade der Xondheit! Neuere Forschungen haben jedoch bewiesen, dass der Rotwein dem Herzinfarkt entgegenwirkt und dass man mit dem Neuen Wein 19 verschiedene Vitamine und darüber hinaus wichtige Mineralstoffe zu sich nimmt. Der Weinfreund hat das schon immer geahnt. Es geht nur um das richtige Maß. Man hört auf seine innere Stimme und hält sich an die Maxime: Trollinger (Riesling, Lemberger und so weiter), mäßig genossen, schadet auch in beträchtlichen Mengen nicht.

Yin und Yang

Die beiden Grundkräfte in der chinesischen Philosophie. Yang ist das schöpferische Prinzip, Yin das empfangende. Der Weinkenner sieht natürlich sofort die Parallele zum schwäbischen Kosmos: In der Weinstube oder im „Besen" ist der Wirt, der das Viertele bringt, das schöpferische Prinzip, der Gast dagegen, der es trinkt, das empfangende. Beim Zahlen wiederum ist es genau umgekehrt. Daran wird deutlich, dass das Viertelesschlotzen auf hohem philosophischen Niveau erfolgt.

I ben dr Yang.

Zucker

Ohne Zucker geht es nicht: Durch die Gärung verwandeln sich die lieblichen Oechsle in Alkohol. Meist jedoch nicht alle, und nun ist es eine Sache der richtigen Dosierung, ob sich die „Restsüße" harmonisch mit Säure, Aroma und Charakter des Weins verbindet. Beim „Cannstatter Zuckerle", der aus den Trauben des „Zuckerbergs" gewonnen wird, vermutet man das Schlimmste – zu Unrecht. Der Trollinger ist angenehm trocken (und auch der Kerner und der Riesling dieser Lage). Noch trockener ist der „Gips" aus Fellbach und Untertürkheim: Der Restzuckergehalt beträgt zum Teil 0,0 Prozent! Der Wein sei so trocken, sagen die Liebhaber mit augenzwinkernder Hochachtung, dass es schier gar aus dem Glas staube.

Zwiebelkuchen

Manchmal neigt der eher bedächtige Schwabe zu Extremen. Der Neue Wein ist von Natur aus aggressiv „ond treibt da Menscha om". Da setzt der Schwabe noch eins drauf – und serviert zu dem himmlischen Teufelsgesöff ausgerechnet den warmen Zwiebelkuchen! Einen Menschen von der Waterkant, der ungerührt die mit Backpflaumen munitionierte Hamburger Aalsuppe einfährt und dazu ein ums andere Mal Aquavit kippt, haut die hochbrisante Mischung glatt um. Der in jedem Weinherbst gestählte Viertelesschlotzer jedoch schwört auf die einmalige, urschwäbische Kombination von Neuem Wein und Zwiebelkuchen.

Neuer Wein

Neuer Wein

Neuer Wein

1a-Zwiebelkuchen

Schwäbische
Genusspyramide

's letschte Schlückle

Sodele, wir sind am Ende unserer Plauderei über den Württemberger Wein angekommen. Hat man gerade vom Zwiebelkuchen gelesen, ist bestimmt ein schöner Durst entstanden, der gleich mit einem guten Viertele aus dem wohlsortierten Weinkeller gelöscht werden kann. Natürlich lässt sich über den heimischen Wein noch viel mehr sagen, als in dieses Büchle hineinpasst. Aber solche Lücken können Sie ja aus eigener Kraft und aus der Fülle Ihrer über die Jahre gewachsenen Weinkenntnisse selber schließen. Zum Beispiel in einer gemütlichen Runde am Stammtisch. Natürlich erst, nachdem Sie gerufen haben: Ameile, a Viertele! Aber guat g'messa!

edition imme

Wolfgang Brenneisen
Stuttgart - zauberhafte Stadt am Nesenbach
Books on Demand, Norderstedt
ISBN 9783754318164

Wolfgang Brenneisen
Stuttgarter Kunst Beben 2010
Books on Demand, Norderstedt
ISBN 9783755711551